René Quinton

par

Ch.-L. JULLIOT

PARIS
PER ORBEM
4, RUE TRONCHET
—
1926

René Quinton

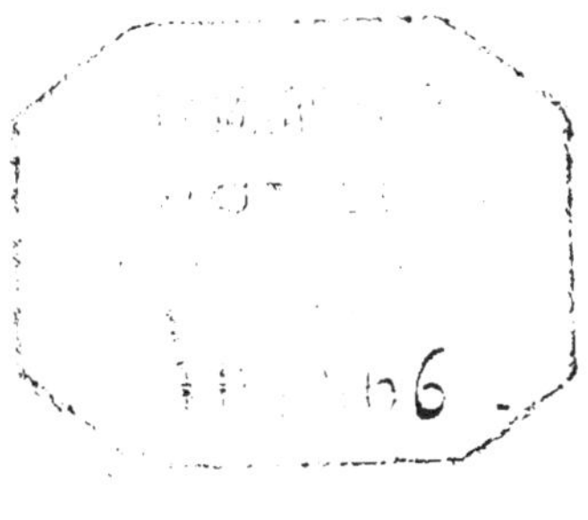

René Quinton

par

Ch.-L. JULLIOT

PARIS
PER ORBEM
4, RUE TRONCHET
—
1926

A LA MÉMOIRE
D'UN AMI DE CINQUANTE ANS

Pour Elisabeth Quinton, sa fille,
quand elle aura vingt ans

L'Enfant, l'Adolescent, l'Homme

L'enfant

L'adolescent qui se cultive et se cherche

L'homme

René Quinton est né le 15 décembre 1866, à Chaumes-en-Brie, petite ville à l'orée d'une imposante forêt et qui penche vraiment, comme on l'a dit, — d'où son nom — ses toits de chaume vers les bords de l'Yerre. Il y naquit en quelque sorte accidentellement, car sa famille paternelle était originaire de Fontainebleau ; son grand-père, Hippolyte Quinton, y était notaire et son père, le Docteur Paul-Edouard Quinton, y exerçait la médecine, lorsqu'un cousin, notaire à Chaumes, le fit venir pour remplacer le médecin de l'endroit, qui venait de mourir.

Le Docteur Paul Quinton venait de s'installer dans une petite villa de la rue du Pont, aujourd'hui rue Foix, et c'est là que René Quinton vit le jour. Un peu plus tard, le Docteur Quinton quitta la rue du Pont, pour s'installer dans une villa plus spacieuse dénommée « La Chambonnerie », qui appartient encore à la famille Quinton.

En 1870, dans le moment le plus critique, Paul Quinton accepta la présidence du Conseil municipal de Chaumes. Il envoya sa jeune femme avec ses deux enfants, Marguerite et René, à Saint-Malo et se consacra tout entier à sa tâche lourde de responsabilités et de responsabilités sévères.

Dans un moment d'accalmie, il put s'absenter deux ou trois jours pour aller embrasser les siens et c'est ici que se place, sans doute, le plus ancien souvenir que René Quinton ait pu conter à ses familiers. Le jeune René avait alors trois ans. Descendant, un jour, l'escalier sombre de la maison, où sa mère s'était réfugiée, il croise « un Monsieur » qui montait rapidement. Comme il se range pour laisser passer le nouvel arrivant, celui-ci l'appréhende et l'embrasse à plusieurs reprises. Revenu de son étonnement, René reconnaît alors seulement son père et, toute sa vie, disait-il, le bon rire, qui s'en suivit, a résonné dans ses oreilles.

Et ceci prouve que le Docteur Quinton savait rire. S'il a laissé, en effet, le souvenir, tout à la fois, d'un caractère d'une trempe exceptionnelle et d'une grande bonté, il passait également pour un tempérament froid, glacial même. Son silence était impressionnant. Sa bouche ne s'ouvrait guère que pour prononcer des paroles hautement judicieuses, mais elle savait aussi s'entrouvrir pour laisser tomber des propos d'une singulière finesse et parfois même de la plus franche gaîté.

La tâche du maire de Chaumes pendant l'invasion allemande ne fut pas aisée. Il sut s'en acquitter avec dignité, traitant l'ennemi comme il convenait, avec tact et courtoisie, mais aussi avec fermeté.

A plusieurs reprises il eut maille à partir avec le commandement allemand et, certaine fois, le revolver braqué sur son front, il répondait avec une fermeté tranquille : « Tuez-moi, si vous le voulez, mais, cela, je ne vous l'accorderai pas ».

En quittant Chaumes, les ennemis ont pu dire au Conseil municipal : « Si toutes les municipalités de France avaient eu à leur tête un maire tel que le vôtre, votre pays aurait moins souffert de la guerre ».

D'ailleurs, reconnaissante, la petite ville de Chaumes remit, dans les jours de paix qui suivirent, une médaille d'or à son maire en souvenir des heures pénibles passées en commun et a donné son nom à une rue de Chaumes.

Au lendemain de la mort de René Quinton on a parlé de Chaumes-en-Brie dans la presse parisienne, à propos de l'attribution à l'une des rues de cette bourgade du nom de Couperin, cette lignée de musiciens célèbres, et l'on n'a pas manqué d'annoncer qu'une autre rue porterait bientôt le nom de Quinton, mais on n'a pas tardé à s'apercevoir que ce ne serait pas suffisant et, aussi bien, un comité vient-il de se constituer sous la présidence du Maréchal Franchet d'Esperey, pour élever à celui qui honorera à jamais son pays natal, une statue à laquelle œuvre, au moment où j'écris ces lignes, le ciseau du sculpteur Dardé.

A l'âge de six ou sept ans, René demandait un

jour à son père pourquoi certains hommes ont leur statue sur des places publiques. La réponse de son père le rend songeur : « Moi aussi, lorsque je serai grand, j'aurai ma statue sur une place publique ». Et cette idée s'ancre dans ce cerveau d'enfant. Vers quatorze ou quinze ans, alors que sa famille avait quitté Chaumes, il vint à y passer. S'arrêtant alors sur la place de l'église, il dit à deux ou trois personnes, dont sa sœur : « Voyez, c'est ici que, plus tard, on élèvera ma statue ». Et c'est là — ou plus exactement, à deux cents mètres de là — que va se dresser le chef-d'œuvre de Dardé, l'intime ami de notre Quinton, qui avait pour le talent de ce grand sculpteur une profonde admiration.

Le moindre des défauts de Quinton — et j'opine que ce défaut était une qualité — était de savoir ce qu'il valait. A 11 ans, il savait ce qu'il serait et de quoi il serait capable : il n'avait pas cette fausse modestie qui, de la part de certains hommes hors du commun, aurait pu, à bon droit, être taxée d'hypocrisie. A un jeune homme de ses amis il disait un jour : « Une seule chose importe, c'est la figure que nous ferons cinquante ans après notre mort ». Cette figure, Dardé n'attendra pas cinquante ans pour l'immortaliser.

Et si Chaumes a vu naître Quinton, Paris l'a vu grandir et grandir le génie éclos dans ce coin de la Brie. Chaumes dicte à Paris son devoir, devoir de reconnaissance au savant, au soldat, au philanthrope : Paris se doit d'avoir, avant qu'il soit longtemps, sa rue « René Quinton ».

*
* *

La famille Quinton quitta Chaumes en 1878, pour Paris, où elle s'installa au 71 de l'avenue de Villiers, et aussi pour Loches, petit village de l'Aube, à quarante kilomètres de Troyes, aux confins de la Bourgogne et de la Champagne, « dans une plaine que soulèvent de vastes mouvements de terrains, où flottent dans un air vif, des lambeaux de forêts... » (1).

Loches est baigné par l'Ource, petite rivière à l'eau glacée, d'une limpidité cristalline, au fond de laquelle gisent des roches granitiques et parmi ces roches se vautrent de menus poissons à grosses têtes, sortes de petits monstres semblables à des dauphins, que les gens du pays dénomment chafauds et que, dans notre enfance, nous pêchions au moyen d'une fourchette emmanchée d'une longue perche.

A quelque deux ou trois cents mètres de la rivière, tout à l'entrée du village, adossée à une colline, se dresse, enfouie dans la verdure, une intime demeure familiale, tout ornée à l'intérieur de boiseries peintes par l'amateur de talent qu'était le Docteur Quinton. Derrière la maison grimpe un bois, puis un jardin, puis ce qu'on appelle la friche, après quoi s'étendent, sur un plateau, à perte de vue, les vignobles de la région.

C'est là, comme le note Jules de Gaultier, que, depuis plus de trois siècles, se succèdent des générations de la famille maternelle de René

(1) JULES DE GAULTIER, dans le *Mercure de France* du 1er août 1925.

Quinton, les Amyot (1), à laquelle se rattachent, à deux siècles d'intervalle, tout à la fois, le traducteur de Plutarque, Jacques Amyot, évêque de Melun et l'homme de ce propos illustre : « On n'emporte pas la patrie à la semelle de ses souliers », le conventionnel Danton.

C'est à Loches que naquit Pauline Amyot, la mère de René Quinton, fille elle-même d'une Danton, de qui il me souvient d'avoir, jadis, relevé la généalogie et la parenté avec le Conventionnel par des recherches dans les archives de plusieurs communes de l'Aube.

La mère de René Quinton était une femme et une mère accomplies — « mon admirable mère », dit Quinton dans son testament, — une femme à l'esprit cultivé, aux sentiments d'une rare élévation et, par-dessus tout, d'un patriotisme ardent !

Quinton avait ainsi de qui tenir, du côté paternel comme du côté maternel, et, s'il a aimé passionnément son pays, c'est qu'il avait été, dès sa plus tendre enfance, à bonne école.

A Chaptal, où il fit ses études, René fut un élève laborieux, mais rien ne faisait encore prévoir l'évolution géniale de son cerveau ; seule la fierté de son caractère se manifestait déjà tout entière : tempérament bouillant, impétueux, parfois même indiscipliné.

---

(1) Le registre de l'état-civil de Loches s'ouvre en 1610 avec l'acte de décès d'un Nicolas Amyot.

Après ses études à Chaptal, au cours desquelles il eût été difficile de dire si le jeune élève marquait des dispositions plus spéciales pour les mathématiques ou pour les lettres, — les unes et les autres ayant trouvé en lui un sujet d'une égale compréhension — la question se posa de l'orientation à donner à cette belle intelligence qui ne s'annonçait pas encore cependant comme devant être d'une essence supérieure.

Sa famille se montra fort perplexe : elle songea, tour à tour, à faire de lui un ingénieur ou un médecin ; son père lui donne à choisir entre la Faculté de Médecine et Polytechnique. « Le doctorat ? — Non. Polytechnique ? — Oui. Mais, pour être officier ». Son père n'y consent pas et l'intéressé de décider que, son volontariat terminé, il ferait de la littérature. Il se révélait ainsi — la règle militaire mise à part — comme rebelle à toute discipline professionnelle, entendant ne se soumettre qu'à la discipline de vie qu'il assignerait lui-même à son activité et Dieu sait que nulle discipline professionnelle n'eût été plus dure que celle sous laquelle il se courba librement, depuis sa sortie du lycée jusqu'au jour de sa mort, à telle enseigne qu'on a pu dire de lui qu'il s'est tué au travail.

Cette période de l'adolescence de Quinton est la période critique de sa vie. Il sentait en lui une flamme dévorante qui le poussait à faire de grandes choses, mais il cherchait sa voie. Il voulait être le premier en tout, faire mieux que les autres ; ce souci de perfection, qui a été, dans tout le cours de sa vie, sa marque propre, le hantait à tel point qu'il se sentait parfois pris d'une angoisse, dont il a fait l'aveu à ses intimes, celle d'être « un raté » et c'est vers cette époque qu'il disait ce mot rapporté par ailleurs — et il le disait à son camarade de régiment Franchelli — « Moi, je voudrais bien savoir quelle tête je ferai cinquante ans après ma mort. »

Plus tard, marié et père de famille, on lui demandait pourquoi il ne souhaitait pas d'avoir un fils et pourquoi, au contraire, il désirait tant des filles : « C'est que je ne voudrais pas voir mon fils souffrir comme j'ai souffert. Mes années de formation physique et morale ont été pour moi un tel tourment que je souffrirais de ne pouvoir les épargner à mon enfant et, pourtant, si j'avais un fils, je voudrais que ce fût un mâle. »

A vingt-deux ans, son père l'envoie faire un long voyage en Egypte, en Grèce et en Italie. Il remonte le Nil plus haut qu'Assouan et s'avance ensuite très avant dans le désert ; puis il revient en Grèce. Il en parcourt une partie à pied, le sac au dos, dans des régions peu sûres, à peine habitées (1) ; il dîne souvent de quelques olives et d'un pain spécial à ces régions. On aurait pu le voir penché sur les pierres des grands champs

(1) Un jour il demandait à un indigène, chez lequel il avait passé la nuit, s'il voyait fréquemment des voyageurs dans son village : « Pas souvent, lui répondit celui-ci. Il y a bien sept ans que nous n'en avons pas vu. »

de bataille ; il consacre des heures entières de méditation aux héros de l'antiquité, il s'émeut, il s'emplit les yeux de ces paysages immortels et sature son âme de souvenirs.

De là il passe en Italie ; ce sont les musées qui retiennent toute son attention.

*
* *

Les premiers travaux de Quinton furent des essais de critique d'art. Il faut savoir que, dès sa plus tendre enfance, son père l'avait conduit dans tous les musées de France et de Belgique et, durant des journées entières, l'avait initié aux beautés de la peinture et de la statuaire à travers les âges. Ses voyages en Grèce, en Italie et en Egypte furent le complément de cette haute culture. De cette formation du goût, de cette éducation de l'œil, de cet approfondissement des arcanes les plus mystérieux de la technique des grands maîtres de la peinture il était résulté chez cet homme d'une sensibilité délicate une formation artistique telle qu'il en remontrait aux experts les plus réputés. Et ce n'était pas un des moindres sujets d'émerveillement pour ceux qui étaient admis au privilège de pénétrer dans son intimité, que de trouver ce savant aux concepts abstraits encadré des chefs-d'œuvres les plus purs de la statuaire et de la peinture d'autrefois.

Quinton avait donc commencé par être critique d'art ; « ...le sens critique le plus intransigeant s'unissait chez lui aux facultés créatrices les plus vives. L'enthousiasme et l'admiration étaient, selon une méthode inconsciente, sa manière de s'emparer des objets et des idées. Il les magnifiait, les exaltait jusqu'à la perfection de leur réalité et c'est après s'en être épris, après avoir pu paraître dominé par eux, qu'il les soumettait à une critique d'une impitoyable lucidité, et que, les comparant à d'autres objets, à d'autres idées de diverses grandeurs, il les situait à leur place exacte sur le plan du monde. Il était entraîné impétueusement dans toutes les directions de l'esprit, mais la rectitude de sa critique s'appliquait avec la même pertinence à quelque objet que ce fût et, qu'il s'agît de peinture, de musique, de poésie, de style ou d'art dramatique, procédait d'une telle hauteur que ses vues, empruntant à l'esprit ses lois les plus générales, dominaient toujours la matière particulière qu'il maniait. »

Jules de Gaultier, de la plume de qui sont tombées ces lignes, se souvient, et j'en ai le souvenir également, d'avoir entendu Quinton — il avait quelque vingt-trois ans — nous réciter un poème « composé dans une langue d'un métal sonore et dans la manière tendue de quelques poèmes de Louis Bouilhet ». Nous nous souvenons l'un et l'autre de l'avoir entendu nous lire un acte qui, sous le titre de *Pierre Dampierre* — le nom du héros — apparaissait comme une contribution à la psychologie de Don Juan, et différentes scènes d'un drame inspiré par une cause judiciaire qui eut alors, en Algérie, quelque retentissement, — « on songe à Claude Bernard qui préluda par des essais de comédie, à ses beaux travaux de savant »;

— Jules de Gaultier ne s'abuse certainement pas quand il affirme « que les premières tentatives de Quinton étaient mieux que des promesses et qu'elles eussent pu retenir et orienter d'une façon définitive un esprit moins difficile à contenter que le sien » (1).

Et cependant Quinton restera devant la postérité le créateur des lois de constances, — au dire de Jules de Gaultier, « la plus belle hypothèse sur l'évolution qui ait jamais été proposée, et que les faits confirment avec une incroyable unanimité ». — Quinton « qui eût pu s'illustrer comme romancier ou comme auteur dramatique, qui eût toujours été, en n'importe quel genre, le grand écrivain qu'il est » (2), Quinton sera et restera dans l'avenir un des maîtres de la biologie.

*
* *

M. Painlevé l'a dit sur sa tombe, Quinton fut

---

(1) Raymond DE PASSILLÉ, qui vit travailler Quinton durant cette période de sa vie, dit qu'il amassait, pour écrire, des documents avec la conscience d'un savant qui veut démontrer la vérité: il épuisait la question. Et Corpechot le compare à Flaubert, lequel, d'après Maxime du Camp, lut et annota 36 volumes de vénerie pour écrire, dans la *Légende de Saint Julien l'Hospitalier*, les trois pages relatives à la chasse de Julien.

(2) L. CORPECHOT qualifie de classique la forme des essais littéraires de Quinton : « Il y a une étroite parenté, dit-il, entre les procédés intellectuels de réduction à l'unité qui caractérisent la manière de nos classiques et la méthode scientifique. Rien ne ressemble à la conduite d'une tragédie de Corneille ou de Racine comme celle d'une expérience de Lavoisier ou de Pasteur. Dans une époque, où la mode était au pire romantisme, retenons donc que les compositions de Quinton portaient l'empreinte de l'ordre et de la discipline. »

« une des personnalités les plus fortes, les plus puissantes, les plus originales » qu'il lui ait été donné de connaître. « Un grand penseur a dit que le don suprême d'un homme, c'était la personnalité : de ce don, René Quinton fut comblé. On pouvait se rebeller contre cette sorte d'esprit dominateur qui émanait de toute sa personne ; on pouvait, au contraire, aimer passionnément tout ce qu'il y avait de généreux et de créateur en lui, mais à personne René Quinton ne pouvait être indifférent. »

A personne. Demandez, disait au lendemain de sa mort Lucien Corpechot, à tous ceux qui l'ont connu, quel ascendant il exerça sur eux, quelle flamme vivait en lui, quelle chaleur il vous transmettait. « J'en appelle, disait-il, au Président Painlevé comme à Paul Bourget et à Charles Maurras, au Général Marchand, comme au Docteur Jarricot, l'auteur d'un maître livre sur le dispensaire marin, à la Comtesse de Noailles comme à Jules de Gaultier, le philosophe, à Guy de Passillé, notre collaborateur, comme à Dardé. « Quel potentiel, s'écriait un jour, en le quittant, « le Docteur Albert Charpentier, et quelle force « spirituelle il dégage ! ». — « Ça, c'est un chef, « disaient de ce capitaine de réserve les artilleurs « de sa batterie. »

Un chef, il le fut dans toute l'acception du mot ; il le fut partout, à la guerre comme au laboratoire ou à la tête de groupements aéronautiques. Il savait dominer les autres parce qu'il avait la maîtrise de soi-même : « L'âme et le corps ne font qu'un chez les hommes, disait-il ; ils sont différenciés chez le héros ; le corps du héros n'est qu'un valet d'armes ». — « Sa qualité maîtresse, ajoutait M. Painlevé, c'était sa volonté, une volonté supérieure, inspirée essentiellement de générosité, qu'il apportait dans tous les domaines, dans la recherche de la vérité, dans l'application de ses doctrines, comme dans tous les actes de sa vie ». Maurice Barrès avait rencontré Quinton pour la première fois chez Jules de Gaultier il y a vingt-cinq ans. Quelques jours plus tard, Barrès confiait à Jules de Gaultier l'impression que lui avait causée cette forte personnalité, la même impression ressentie par Jules de Gaultier lui-même, dix ans auparavant, à sa première rencontre avec Quinton. Cette impression, Barrès l'a également confiée à Lucien Corpechot qui le relate en ces termes : « Combien de fois Barrès m'a-t-il répété que personne ne lui avait donné l'impression du génie comme Quinton ! ».

Jules de Gaultier a raison : « Génie » est un terme dont il ne faut pas être prodigue et, lorsqu'il l'appliquait à Quinton, il ne manquait pas cependant de nous prévenir qu'il le prenait au sens étroit et physiologique. « Mais combien n'en ai-je pas vu, ajoute-t-il, parmi ceux qui connurent Quinton, recevoir cette même impression que Barrès et moi ressentîmes ! Je n'évoquerai, parmi des souvenirs trop nombreux, que celui de Rémy de Gourmont, qui ajouta aux lois de constance de Quinton le beau chapitre des lois de constance intellectuelle... »

***

Quinton fut un grand patriote parce que grand philanthrope : « J'aime mon pays parce que j'aime les hommes. » Son patriotisme était légendaire. C'est dans les termes qu'on va lire que René Quinton formulait, pour l'enquête de Jacques Morland, les titres de la science française à la reconnaissance de l'humanité — et à la fierté de ses compatriotes :

« Les principales sciences biologiques sont : la chimie, l'anatomie comparée, la paléontologie, la zoologie, l'embryogénie, l'histologie, la physiologie, la microbiologie. Or, un homme fonde la chimie : Lavoisier ; un homme fonde l'anatomie comparée et la paléontologie : Cuvier ; un homme fonde la zoologie philosophique : Monet de Lamarck ; un homme fonde l'embryogénie : Geoffroy Saint-Hilaire ; un homme fonde l'histologie : Bichat ; un homme fonde la physiologie : Claude Bernard ; un homme fonde la microbiologie : Pasteur. A Lavoisier nous devons toutes les connaissances que nous possédons sur la constitution fondamentale du monde ; à Cuvier les méthodes et les lois qui ont permis la classification des êtres aujourd'hui vivants et la reconstitution de ceux qui peuplaient le globe aux époques disparues ; à Lamarck la grande pensée de l'évolution ; à Geoffroy Saint-Hilaire la notion du parallélisme entre les transformations embryonnaires et les transformations antérieures des espèces ; à Bichat la révélation des tissus organiques ; à Claude Bernard l'introduction du déterminisme dans les phénomènes physiologiques ; à Pasteur la conception de la maladie en même temps que la découverte, par la seule induction, de tout un univers invisible. Ainsi les connaissances fondamentales sur lesquelles repose notre conception même du monde vivant ont une origine qui est française. »

Georges Houard a dit que c'était un homme dont la moindre qualité était une conception étincelante de la droiture et de l'honneur. Et puis, c'était un de ces Français de vieille roche qui ne connaissent point de résistance, un de ces Français selon l'expression du *Figaro*, d'un beau courage devant tous les dangers et d'une résolution inébranlable devant tous les obstacles. « Il s'est tué au travail. C'est une belle mort. »

Le Savant

Le Savant

Ainsi que l'a dit L. Corpechot, « on se représente assez communément un savant comme un bon élève, ayant continué ses études, ayant été conduit par son application à des inventions ou à des découvertes. On imagine une filière. Du lycée, où l'adolescent a opté pour les classes de mathématiques, il est passé à la Sorbonne, a pris des grades, licence, doctorat, peut-être agrégation. On le voit aux cours des professeurs illustres, dans les laboratoires, penché sur un microscope, érudit appliqué sur les livres. Les maîtres l'ont mis sur une voie. Il la suit. Bien doué, il pousse un peu plus loin sur la route tracée... » Rien dans la vie de Quinton ne rappelle le caractère que nous attribuons communément à l'homme de science. Quelques notes biographiques nous permettent de suivre notre auteur durant cette période prémonitoire, où il cherche sa voie, où il ignore lui-même l'œuvre à laquelle ses facultés le prédestinent, — période d'incubation la plus chargée d'intérêt pour la psychologie, curieux d'établir l'étiologie d'une de ces crises cérébrales d'où sort une découverte.

« Nous trouvons, chez Quinton, une longue hérédité de médecins, d'hommes habitués à se pencher sur la vie, à en observer les phénomènes, une belle culture de lettré et d'humaniste, mais nulle étude spéciale, nul brevet de licence ou de doctorat. Des dons d'imagination, le goût de l'invention se traduisirent dès l'adolescence par des essais littéraires de plusieurs genres. Un sentiment presque maladif de la perfection arrêta la publication de ces travaux. »

Le nom de Quinton est lié indissolublement au souvenir des travaux biologiques de ce savant sur *l'Eau de mer, milieu organique.* Tel est en effet le titre de son œuvre maîtresse qui a vu le jour, il y a une vingtaine d'années (1).

Ce livre tend à établir successivement les deux points suivants :

1° La vie animale, à l'état de cellule, est apparue dans les mers.

L'origine aquatique de toutes les formes animales est d'abord certaine ; les seules espèces animales qui respirent selon le mode aérien, présentent toutes, dans leur embryogénie, une respiration branchiale primitive.

De plus, cette origine aquatique est marine. Les formes d'eau douce ne sont jamais que des formes secondaires, doublant simplement, çà et là, les formes marines qui, seules, composent l'ossature presque tout entière du règne animal.

Ainsi tous les organismes animaux dérivent d'organismes marins. Les cellules primordiales,

(1) Masson et Cie, édit., 1904.

d'où sont dérivés ces organismes ancestraux, furent donc nécessairement des cellules marines.

2° A travers la série zoologique, la vie animale a toujours tendu à maintenir les cellules composant chaque organisme dans un milieu marin, en sorte que tout organisme animal est un véritable aquarium marin, où continuent à vivre, dans les conditions aquatiques des origines, les cellules qui le constituent. Autrement dit, la vie animale, en créant des organismes de plus en plus compliqués et indépendants, d'abord habitants des mers, puis des eaux douces ou des terres, a toujours tendu à maintenir les cellules composant ces organismes dans un milieu marin naturel ou reconstitué.

Chez les premiers organismes de la série animale, les épongiaires par exemple, le *milieu vital* intérieur est l'eau de mer elle-même qui baigne toutes les cellules.

Chez les invertébrés marins, plus élevés, la paroi extérieure de l'animal est perméable à l'eau et aux sels, en sorte que, par simple osmose, le milieu vital intérieur de l'animal est encore, au point de vue minéral, le milieu marin, ce dont témoigne par ailleurs l'analyse chimique directe.

Au contraire, chez l'invertébré d'eau douce, l'animal n'est plus perméable à l'eau ni aux sels. Il maintient, en face d'un milieu extérieur presque totalement dessalé, un *milieu vital* à taux salin élevé que l'analyse montre encore être un milieu marin.

Même facies chimique marin du *milieu vital* chez l'invertébré aérien.

Enfin, chez les mammifères et les oiseaux l'analyse chimique établit l'identité minérale du milieu marin et du *milieu vital ;* et, nouvelle preuve de la fécondité d'une vue juste, cette analyse amène Quinton a découvrir la présence jusqu'alors insoupçonnée dans l'organisme de douze corps simples. La composition du milieu vital n'est même pas fonction de l'alimentation ; cette composition se maintient en dépit d'une alimentation inadéquate. Et, ainsi que l'a écrit très justement Lucien Corpechot, comme les vertébrés supérieurs sont, de tout le règne animal, les organismes doués de la plus grande puissance vitale, c'est-à-dire ceux chez lesquels les cellules rencontrent évidemment les conditions les plus propices, le fait que la condition marine est au nombre de celles-ci revêt la plus haute signification.

L'expérimentation confirme cette identité. Un chien est saigné à blanc, puis, au moment où il va expirer, il est injecté d'une quantité d'eau de mer égale à celle du sang perdu. Le lendemain il trotte et, quelques jours plus tard, il est rétabli.

J'ai assisté personnellement — et je crois que le Docteur Hallion et moi en avons été les seuls témoins — à la première expérience de ce genre faite jadis par Quinton au Collège de France, et je vois encore, à quelque trente-cinq ans de là, notre saisissement à tous trois, lorsque nous avons vu revenir à la vie et caler à nouveau sur ses pattes cet animal qui revenait de si loin.

Quinton a pu faire à des chiens des injections marines portées jusqu'à 84/100 de leur poids. Le

Docteur Hallion a même été jusqu'à injecter 104/100 de son poids à un chien, c'est-à-dire un poids d'eau de mer supérieur au poids du corps de l'animal, et cela en quelques heures, sans que l'organisme présentât aucun trouble sérieux.

Le globule blanc, témoin par excellence du *milieu vital*, était réputé ne pouvoir vivre dans aucun milieu artificiel. Quinton l'a fait vivre à volonté dans l'eau de mer. L'expérience a été faite sur huit espèces appartenant aux cinq classes de vertébrés, à commencer par l'homme.

Et Quinton de conclure par l'exposé de ses lois de constance :

1° Loi de *constance marine :* « La vie animale, apparue à l'état de cellule dans les mers, a tendu à maintenir, à travers la série zoologique, pour son haut fonctionnement cellulaire, les cellules composant chaque organisme dans un milieu marin. Elle n'a pas maintenu ce milieu chez tous les organismes, mais ceux où ce maintien n'a pas été effectué, ont subi une déchéance vitale. »

A cet égard, Lucien Corpechot dans un petit opuscule consacré autrefois à René Quinton (1), nous donne les précisions suivantes :

L'anodonte, qui est une moule d'eau douce, n'a pas su se fermer osmotiquement au milieu extérieur, comme fit l'écrevisse : le milieu vital de ses cellules n'est plus que de l'eau douce. Quin-

(1) René Quinton. — *Origines marines de la vie. Lois de constance originelles*, par Lucien Corpechot, *Mercure de France*, 1911.

ton prévoyait que, par ce fait même, l'anodonte devait vivre d'une vie ralentie. Il avait consigné cette prévision dans son livre, sans pouvoir la vérifier faute d'animaux d'expérience. Or, en 1905, une série d'expériences entreprises sur les anodontes lui donnèrent le résultat prévu. Alors que, par kilogramme d'animal et par heure, l'écrevisse ou le poisson brûlent de 90 à 150 milligrammes d'oxygène, preuve de leur haute activité cellulaire, l'anodonte ne brûle que la quantité absolument insignifiante de 4 milligrammes, soit 20 à 35 fois moins, toutes les conditions d'expérience étant égales.

2° Loi de *constance thermique :* « En face du refroidissement du globe, la vie animale, apparue à l'état de cellule par une température déterminée, a tendu à maintenir, pour son haut fonctionnement cellulaire, chez des organismes indéfiniment suscités à cet effet, cette température des origines. »

Partant de cette règle *à priori*, Quinton avait déterminé quelles devaient être les températures des différentes espèces, eu égard à l'ordre de leur apparition sur le globe et les températures voulues par Quinton ne correspondaient pas toujours avec les données de la science alors enseignée. Des expériences furent entreprises. Avant de les commencer, Quinton indiqua à quelques savants, à Marey, au professeur Ch. Richet, à Milne-Edwards, l'échelonnement thermique et les températures qu'il devait trouver. L. Corpechot nous conte que le professeur Richet, un spécialiste dans la question de la chaleur animale, lui répéta ceci, qu'il tenait pour acquis : « Tous les mammifères ont une température comprise entre 37° et 39° » et il déclara à Quinton que ses prévisions ne pouvaient être qu'illusoires.

Le résultat des vérifications entreprises donna raison à Quinton sur toute la ligne et la science officielle d'alors dut rectifier ses données. Et Corpechot de s'écrier : « Cette série de prévisions, réalisées à l'encontre de tout ce qu'on tenait pour établi, est d'un intérêt qui dépasse, par son étendue, le cas de l'invertébré d'eau douce se fermant osmotiquement au milieu extérieur. Ce n'est plus seulement un organisme interrogé qui confirme l'hypothèse, mais tous les mammifères, tous les oiseaux ! C'est sur des milliers de points que la réponse des faits concorde avec la vue de l'esprit et avec quelle remarquable précision ! ...Dans la vérification de la loi de constance thermique, c'est toute une série de faits qui doivent se trouver réalisés, avec une rigueur mathématique ; les températures spécifiques doivent échelonner toutes les espèces selon leur ordre d'apparition. Chaque animal dont l'embryogénie, l'anatomie comparée et la paléontologie nous indiquent la date de naissance, doit répondre par un chiffre, un degré de température. Or il n'y manque jamais, si imprévue que soit sa réponse. »

On avait jusqu'à Quinton, considéré l'homme comme le terme ultime de cette échelle des êtres. Or, ses 37° de température lui assignent, dans la théorie envisagée, une date de naissance antérieure aux mammifères ongulés et carnivores et aux oiseaux. Les faits biologiques mis en lumière par l'auteur justifient cette conception nouvelle.

Mais alors — c'est ainsi que l'interprète Jules de Gaultier (1) — « l'intelligence ne saurait plus être considérée comme le but suprême, poursuivi avec la lente élaboration de la matière vivante à travers le perfectionnement croissant des formes animales, car ce but présumé, une fois atteint, a été dépassé ; l'intelligence, une fois réalisée dans l'espèce *homme*, l'évolution (2) ne s'est point arrêtée, comme si elle eût dit son dernier mot, mais elle a continué son cours, d'autres formes sont apparues, présentant, à un degré beaucoup moindre, le caractère de l'intelligence dont l'homme était marqué, tandis qu'offrant à la cellule vivante des conditions d'existence plus parfaites, elles accusaient sous ce jour une supériorité physiologique incontestable. »

L'intelligence ne serait ainsi — mais n'est-ce vraiment que cela ? — que le moyen de perpétuer l'existence de la cellule vivante. Ce serait « le moyen d'une fin identique à celle que poursuit, au cours de l'évolution, toute l'industrie physiologique ». Et, aussi bien, « tandis que différentes espèces, survenant après l'homme, — équidés, bovidés, oiseaux, — par un perfectionnement purement physiologique intéressant le poumon, l'estomac, l'appareil circulatoire, réus-

---

(1) *La dépendance de la morale et l'indépendance des mœurs*, p. 257, au *Mercure de France*, 1907.

(2) Le mot *évolution* n'est pas employé ici dans le sens de Darwin et de Lamarck : l'évolution s'entend de l'apparition de formes nouvelles, mais immuables, une fois apparues.

sissaient à élever leur température intérieure de 37 à 43°, l'homme demeure impuissant à élever la sienne au delà de 37°2. Par contre, il invente le feu, les maisons, les vêtements, en sorte qu'il parvient, au moyen d'un mécanisme cérébral, auquel Jules de Gaultier ne reconnaît qu'une nature physiologique — ce n'est pas le lieu d'en discuter — « à utiliser au profit de la cellule vivante les éléments du cosmos, à disposer ces éléments de façon à maintenir autour de la cellule vivante, et jusqu'au dehors de l'organisme, les conditions originelles, artificiellement reconstituées ».

Je n'ai aucune compétence pour discuter, du point de vue philosophique, les hautes spéculations que suggère à Jules de Gaultier la construction biologique de Quinton. Je me contenterai simplement de citer cette conclusion de Jean Wéber dans la *Revue de Métaphysique et de Morale* de janvier 1905 ; parlant de la science biologique, telle que la concevait Quinton, « elle cherche, dit-il, à discerner la finalité, comme la physique la causalité ; mais non cette finalité métaphysique, d'où l'on tire je ne sais quelle preuve de Dieu, où des attendrissements sur les « harmonies de la nature » : une finalité étroite, attentive, où les faits, — certains faits — s'orientent en séries inverses des séries causales, où tout s'éclaire d'un mutuel reflet, où tout est rigoureux, précis, coordonné, scientifique. Les lois formulées par M. Quinton sont des lois de finalité...; et plus que jamais il semble qu'il faille définir la vie « le pouvoir d'adapter des moyens à un but. »

Métaphysique ou non, la *finalité* est la caractéristique du concept quintonien. Son auteur l'a dit sans ambiguïté dans une communication du 7 mars 1907 à la *Société française de philosophie :* « ...tandis que les reptiles acceptent le refroidissement et déchoient, la nature suscite de nouveaux êtres, capables de maintenir en eux, par un effort croissant, la température originelle, la seule propice au fonctionnement cellulaire intégral. *Cause finale*, direz-vous ? soit ! Je ne m'en dédis pas. »

Il ne m'est pas permis de scruter plus avant la pensée intime de Quinton. M. Jules de Gaultier, dans le *Mercure de France* du 1er août 1925, dit que Quinton n'a jamais apporté dans ses recherches de savant quelque souci philosophique que ce soit. « Esprit strictement scientifique, il était constitutionnellement rebelle à toute métaphysique ».

M. Xavier Léon, le philosophe, est du même avis. Interrogé par mes soins, il s'est récusé, l'indépendance d'esprit de Quinton ne s'accommodant pas des cadres tout faits. « Je ne crois pas, me disait-il, qu'il soit facile de mettre une étiquette d'école sur sa pensée. Si le spiritualisme implique une croyance ou une aspiration vers l'au-delà, je ne sache pas que Quinton ait manifesté pareille préoccupation ; mais il n'était pas davantage matérialiste, celui pour qui le monde n'était qu'une leçon d'héroïsme ».

On me pardonnera, sans que je prétende en tirer aucune conclusion positive, ce rappel d'un souvenir personnel : un jour que je l'interrogeais sur les origines du monde, il me répondit en me citant les premiers versets de la *Genèse :* « La terre était informe et toute nue ; les ténèbres couvraient la face de l'abîme ; et l'Esprit de Dieu était porté sur les eaux ».

3° Loi de *constance osmotique ou saline :* « En face de la concentration progressive des océans, la vie animale, apparue à l'état de cellule dans les mers d'une concentration saline déterminée, a tendu à maintenir à travers la série zoologique, pour son haut fonctionnement cellulaire, cette concentration des origines. »

C'est le renversement de la théorie darwinienne de l'adaptation au milieu, qui voulait que, éloignés du milieu marin primordial (tenu pour concentré à 35 grammes) les animaux vivant dans l'eau douce (complètement dessalée) ou sur la terre (pauvre en soude) aient, peu à peu, cédé aux conditions nouvelles que leur a faites la vie, leur milieu intérieur s'étant, soi-disant, peu à peu appauvri en chlorure de sodium.

Nullement, affirme Quinton ; si le milieu vital du vertébré est en déséquilibre avec le milieu marin actuel, ce n'est pas parce que, depuis les origines, le milieu vital des animaux d'eau douce et aériens s'est déconcentré, c'est parce que le milieu marin, au cours des âges, s'est surconcentré. Avec la même énergie qu'ils ont déployée pour conserver, autour de leurs cellules, la température des origines, les organismes se sont efforcés de maintenir leur milieu vital cellulaire au taux de concentration primitif.

4° Loi générale de *constance originelle* : « En face des variations de tout ordre que peuvent subir au cours des âges les différents habitats, la vie animale, apparue sur le globe à l'état de cellule dans des conditions physiques et chimiques déterminées, tend à maintenir à travers la série zoologique, pour son haut fonctionnement cellulaire, ces conditions des origines. »

*
* *

Telle est la théorie de Quinton ; elle repose somme toute, sur quelques conceptions très simples que Jules de Gaultier résume ainsi : « celle d'une opposition et d'une corrélation entre la cellule vivante et le milieu dans lequel elle se développe, le fait que certains états du milieu correspondent à la prospérité de la cellule, états de température, de composition chimique, de concentration moléculaire, le fait que ces états se modifient, qu'en se modifiant ils compromettent la prospérité de la cellule et que celle-ci réagit. Cette réaction détermine les associations de cellules que sont les organismes et, au sein de ces organismes, cette série de modifications qui constitue la succession des espèces et en quoi consiste l'évolution. »

L'acception de ce mot se trouve ainsi précisée. Et, ailleurs, le même auteur d'insister : «...la vie, la cellule vivante, loin qu'elle se modifie aucunement, demeure invariablement semblable à elle-même. Pour demeurer telle et pour conserver la plénitude de son activité, elle requiert des conditions précises autour d'elle. Plongée dans un tourbillon de forces physico-chimiques qui déterminent un perpétuel changement dans l'univers, il lui faut donc se construire des appareils, où elle puisse s'isoler du milieu extérieur, afin d'y reproduire et d'y conserver toutes les conditions et toutes les circonstances qui lui sont favorables. C'est de la sorte qu'au changement continu du milieu extérieur qu'elle ne peut empêcher et qui la domine, elle répond par un changement des appareils organiques où elle s'enferme et, en vue de son immobilité, compense, par le changement qu'elle détermine, le changement qu'elle subit. »

Pour situer une œuvre à son rang, dit Corpechot, il ne suffit point de l'examiner et de la juger en elle-même. « Le retentissement qu'elle trouve dans le monde, l'influence qu'elle exerce sur les intelligences est un sûr témoignage de son importance. Certaines découvertes sont tellement essentielles qu'elles ont bouleversé la sensibilité profonde de l'humanité. Après Copernic et Newton, les hommes regardèrent le ciel avec des yeux nouveaux. Toute proportion gardée, quand les notions que nous apporte Quinton sur l'origine marine de tous les êtres animés, sur les rapports étroits qui ne cessent pas de nous tenir unis au vaste océan seront couramment enseignées, n'agiront-elles pas de façon analogue ? Les générations contempleront la mer avec des sentiments différents des nôtres.

« Déjà elle n'est plus seulement, pour les

esprits imbus des théories de Quinton, un sujet d'émotions esthétiques, nous voyons en elle autre chose que l'arène tragique des tempêtes ou le miroir des soleils couchants. D'autres fibres de nos cœurs s'émeuvent devant ces flots qui bercèrent l'enfance des êtres, devant ces cavernes écumeuses où une secrète alchimie prépara le mystère de la vie.

« Quand nous songeons que le sang qui fait la chaleur et le mouvement des êtres, qui apporte la grâce, la beauté et les nuances aux corps passionnés, le sang qui anime la pensée divine dans les esprits, se compose de quelques gouttes de ces flots qui battent les rochers et dessinent la courbe des plages, un sentiment s'éveille en nous comparable à la piété des Hellènes pour qui Vénus, mère des hommes et des dieux, était vraiment née de l'onde amère. »

Dès avant l'apparition du livre de Quinton, c'est-à-dire dans les environs de 1897, des communications de l'auteur aux sociétés savantes et notamment à l'Académie des Sciences et à la Société de Biologie avaient laissé entrevoir les applications médicales de ce système biologique. Et, effectivement, la médecine possède depuis vingt-neuf ans, avec l'emploi de l'eau de mer en injections sous-cutanées une aide thérapeutique inégalable. Quinton, comme on l'a dit très justement, a installé Berck au chevet de chaque malade. Tous les jours des enfants reviennent à la vie dans les dispensaires marins où ils avaient été apportés expirants et c'est par milliers que l'on peut compter chaque année les miracles du traitement marin.

Plus d'une fois sur deux, en effet, la mort du nourrisson est due à la débilité, à l'athrepsie ou à une maladie gastro-intestinale ; et ce sont ces grandes pourvoyeuses de la mort que vise particulièrement la méthode marine. L'activité de celle-ci est telle qu'elle permet de ramener à la vie des sujets arrivés à la phase extrême. Déchu, entravé dans son développement depuis des mois, succombant sous le poids de tares héréditaires, mourant, l'enfant, aussitôt traité, modifie son facies, dépouille son aspect morbide, comble son regard et finalement domine par le poids, par la taille, par la perfection de sa vie organique et cérébrale, les enfants normaux de son âge.

Le nombre des dispensaires marins va croissant chaque année en France et hors de France. Tout le monde connaît à Paris les dispensaires fondés par Quinton, sous les auspices de la Marquise de Mac-Mahon, rue d'Ouessant, puis rue de l'Arrivée, dirigés avec un dévouement admirable par Mademoiselle Bida, d'abord, puis par Madame d'Audiffret avec, pour médecin-chef, le Docteur Grangier ; on y traite des quantités d'enfants et d'adultes. Il s'y fait plus de soixante mille piqûres annuellement ; vingt-quatre infirmières, la plupart bénévoles, y prodiguent leurs soins avec un dévouement souriant.

Un autre dispensaire, — dispensaire modèle — fonctionne à Lyon, fondé et dirigé par le Docteur Jarricot, beau-frère de Quinton, et qui rend à la population lyonnaise d'inappréciables services. Il en existe d'autres à Elbeuf, à Nancy, à Dunkerque, à Pont-à-Mousson, à Brest, à Saint-Denis, à Reims, à Creil, à Commercy, à Dugny, à Alexandrie, à Bougie, à Bruxelles.

Des piqûres de plasma sont faites dans tous les dispensaires et sections de la *Charité Maternelle*, de la *Mutualité Maternelle*, de la *Nouvelle Etoile*, aux Pouponnières de Porchefontaine et de Montmorency, dans le service du Docteur Macé à l'Hôtel-Dieu, dans celui du Docteur Guillemot à l'Hôpital Bretonneau, aux dispensaires Jonas et Halphen à Paris, à la fondation Blum-Ribes, à l'Asile Ledru-Rollin à Fontenay-aux-Roses, dans les cités de cheminots à Longueau, à Roye (Somme), à Trégnier (Aisne), etc...

Le Docteur Jarricot, qui a consacré récemment un grand ouvrage (1) à la thérapeutique de l'eau de mer, l'a dit très justement : tous les grands centres devraient avoir leur dispensaire marin ; dans tous les hôpitaux, dans tous les établissements privés, dans toutes les œuvres de puériculture, ce traitement devrait pouvoir être suivi et l'Assistance publique devrait donner l'exemple en plaçant le plasma de Quinton parmi les médicaments officiels. Quatre-vingt mille enfants de moins d'un an meurent chaque année : les trois quarts pourraient être sauvés par des œuvres de puériculture mieux outillées :

(1) *Le dispensaire marin, un organisme nouveau de puériculture*, Masson, éditeur.

le dispensaire marin est le type moderne des organismes puéricoles.

Et le Docteur Jarricot de préciser : le dispensaire marin est une consultation de nourrissons caractérisée par ce fait que les enfants justiciables du traitement marin peuvent recevoir ce traitement au dispensaire même. Ce traitement consiste à nourrir l'enfant d'une façon généralement très libérale (régime de l'instinct) et à injecter dans ses tissus de l'eau de mer stérile, ramenée à un point plus ou moins voisin de l'isotonie. L'eau de mer permet à l'enfant de digérer des rations quotidiennes souvent supérieures au tiers de son poids.

Ainsi, conclut le Docteur Jarricot, la doctrine de Quinton est de nature à provoquer les transformations les plus profondes dans nos théories de puériculture : et il n'hésite pas à dire que, si l'on tire de la conception de Quinton toutes ses conséquences, la doctrine marine peut avoir sur la marche des idées humaines une influence du même ordre d'importance que les travaux de Pasteur.

Cependant, ce qu'on ne saurait trop répéter, c'est que les applications médicales de l'eau de mer ne furent pas pour Quinton l'objet d'une expérience thérapeutique. Elles ne furent tout au contraire que l'aboutissement, la conclusion légitime, la conséquence obligatoire de ses découvertes en biologie générale.

Si, en effet, le plasma marin de Quinton se comporte comme s'il était un milieu vital, le liquide de culture de la cellule humaine qu'il vivifie et rajeunit, c'est que le plasma marin n'est pas un sérum d'une nature particulière, mais le milieu marin même où est apparue la vie à son origine. Aussi bien, si fécondes que soient en résultats les applications médicales de l'eau de mer, ces applications ne sont qu'une conséquence logique de travaux d'une importance beaucoup plus haute qui portent, ceux-là, le sceau du génie. Si le nom de Quinton doit rester associé à jamais dans le cœur de milliers de femmes au souvenir d'un enfant ramené à la vie par la méthode marine, nous devons à la mémoire de ce grand savant d'associer son nom, dans notre esprit, aux plus hautes spéculations de la pensée, aux plus grands problèmes philosophiques que la biologie puisse avoir pour mission d'aborder.

*
* *

L'eau de mer, milieu organique, et quelques volumes sur l'application du traitement marin sont les seules œuvres de Quinton qui aient été publiées, mais il laisse des œuvres posthumes qui ne tarderont pas à voir le jour, des *Maximes de guerre*, une *Science de la sensibilité*, et un travail sur *les Pôles* dont les intimes seuls de Quinton connaissent l'essentiel, dont le moment n'est pas venu de parler, mais dont la postérité saura dire des premières qu'elles sont d'une haute portée philosophique et sociale et, des deux autres qu'ils vont constituer ce que l'on n'hésitera pas alors à qualifier de révolution dans le domaine de la haute spéculation scientifique.

Les *Maximes de guerre* vont paraître. Je possède, frappées à la machine à écrire, de la main même de Quinton, une vingtaine de ces maximes, choix fait par lui-même parmi celles qu'il considérait comme les plus saillantes.

Je les transcris :

La conduite de l'homme à la guerre s'explique naturellement. La guerre est l'état naturel des mâles.

Dans la nature, l'instinct de génération impose aux femelles les douleurs, les risques, les charges de la maternité. Il impose aux mâles la lutte, le combat sans merci, la mort s'il le faut. Tout ce que l'instinct impose, l'animal l'accepte naturellement. Les mâles sont organisés pour mourir, pour accepter du moins les risques de la mort dans la lutte.

La maternité est l'état naturel de la femme. La guerre est l'état naturel de l'homme.

La nature crée les mâles pour s'entre-détruire. Elle leur en donne le goût et la force de risquer.

Le premier devoir que la nature dicte aux mâles n'est pas de vivre. Il est de triompher ou de mourir.

La nature n'aime pas les mâles.

Les mâles n'ont pas plus de mérite à s'exposer à la mort que les femelles à s'exposer aux mâles.

L'instinct de génération prime chez l'individu l'instinct de conservation.

C'est à la fleur de leur âge que la nature dévoue les mâles à la mort.

Les vieillards craignent de mourir. L'instinct de génération ne domine plus chez eux l'instinct de conservation.

Les mâles ont une ivresse à s'entre-détruire. L'ivresse de la guerre est une ivresse de l'amour.

Autant l'homme déteste la mort dans les heures calmes de la vie, autant il l'accepte naturellement dans la lutte.

Les hommes peuvent rêver qu'ils n'aiment point la guerre. La nature aime la lutte et la mort.

La guerre est un chapitre de l'amour.

La femelle hait la mort. Il lui faut vivre pour accomplir sa destinée.

Les hommes qui fuient la guerre sont de mauvais mâles.

S'étonner qu'un peuple depuis longtemps pacifique retrouve ses instincts guerriers, c'est s'étonner qu'une femme depuis quelque temps stérile retrouve sur-le-champ ses instincts maternels.

Dans la langue du soldat, avoir du courage, c'est posséder un attribut des facultés de génération.

Les guerres s'éteindront sur la terre quand s'éteindra l'amour.

L'amour de la guerre est si enraciné au cœur des hommes, qu'après les guerres nationales, il y a à craindre les guerres civiles.

Les peuples qui aiment la guerre sont les peuples mâles.

La *Science de la sensibilité* et le travail sur *les Pôles* ne pourront sans doute paraître que dans quelque temps.

Il s'agit bien des plus hautes spéculations dans le domaine scientifique. Lucien Corpechot, dans son opuscule sur René Quinton, l'a dit très justement : « Il existe réellement deux sciences. L'une fouille le détail, découvre dans un ensemble déjà connu un fait ignoré qui y participait. Les savants de cette école procèdent par analyse. Ils se bornent le plus souvent à démontrer et à exposer le mécanisme des phénomènes sans les situer dans l'univers, sans expliquer leur propre contingence, leur place dans le monde, le sens et la raison de cette place.

« L'autre science s'attaque à la construction même des sphères. Elle découvre les ensembles ; elle nous fournit une conception probable d'une partie de l'univers. Toute faite de synthèse, elle lie le phénomène qu'elle observe au reste du monde et l'explique dans sa situation cosmique »

Telle est bien la science constructive, dont Quinton nous lègue un des plus purs spécimens.

L'Animateur de l'Aviation

L'Animateur de l'Aviation

Ainsi que le disait récemment la *Revue de Métaphysique,* c'est sa théorie biologique, où l'oiseau devient le roi de la création, qui le conduisit à l'aviation. L'étude des origines du monde l'avait, en effet, amené à porter son attention sur le vol des oiseaux, à Paris d'abord, dans le laboratoire de Marey, au Collège de France, puis au Caire, où il était allé combattre par l'eau de mer une épidémie de choléra infantile et où nous le voyons, à la suite de Mouillard, se livrer à l'étude du vol des grands oiseaux d'Egypte.

Emule de Clément Ader, qu'il a suivi de si près dans la tombe, il fut parmi les premiers à encourager les travaux du père de l'aviation, et ne devait pas tarder à se lancer lui-même dans le mouvement aéronautique du début de ce siècle.

Il fut un des fondateurs de l'*Aéro-Club de France* et c'est à juste titre qu'on a rappelé avec quel sens prophétique, à une heure où tant de sceptiques soutenaient, démontraient même par le calcul, l'impossibilité pour l'homme de s'élever dans l'atmosphère avec un plus lourd que l'air, Quinton avait, au contraire, pressenti l'avenir de la locomotion nouvelle.

La guerre finie, Quinton se classe au premier rang des apôtres du vol à voile. Grâce à sa propagande, un meeting doté de prix importants a lieu à Biskra et nos aviateurs y exécutent sur des planeurs ou sur des avions à hélices calées des vols sensationnels. Et c'est au moment où il envisageait l'organisation d'un nouveau meeting ayant le même objet que la mort est venue le surprendre.

Dans l'histoire de l'aviation, la grande figure de Quinton émergera toujours comme le fondateur de la *Ligue Nationale Aérienne* qu'il présida de 1908 à 1912, ayant à ses côtés, comme vice-président, son inséparable ami Painlevé et une pléiade d'hommes d'action et d'initiative au premier rang desquels il convient de citer les noms du Général de Lacroix, de MM. Doumer, Henry-Coüannier, Franchelli, de Céligny, Lochet, etc...

Ainsi que l'a rappelé M. l'Ingénieur général Fortant, parlant aux obsèques de Quinton, au nom du Sous-Secrétaire d'Etat de l'Aéronautique, M. Laurent-Eynac, la *Ligue Nationale Aérienne* fut le premier en date des grands groupements populaires des amis de la locomotion aérienne. « Sous la direction de Quinton, sous sa présidence, la Ligue devint tout de suite un organe puissant de propagande et d'encouragement : l'une des premières, elle créa des prix, elle suscita des initiatives et des enthousiasmes, elle disciplina et coordonna les bonnes volontés. Œuvre magnifique, à laquelle Quinton se donna de tout cœur, et qu'il poursuivit, qu'il amplifia même lorsque devenue *Ligue aéronautique de France*, l'association, qu'il avait créée, vit croître, à la fois, le nombre de ses membres et le champ de son action. »

En fondant cette ligue, Quinton rêvait d'assurer à son pays la suprématie des airs. S'il n'y est pas parvenu, il n'en reste pas moins que c'est le mouvement d'opinion déclanché par lui qui a permis à la France d'avoir, en 1914, l'embryon de flotte aérienne d'où est sortie notre aviation de guerre.

C'est au sein de la *Ligue Nationale Aérienne* que s'élaborèrent tous les grands problèmes de l'aviation naissante : question de stabilité, question de sécurité, question de signalisation, question de l'apprentissage des pilotes, question de l'organisation des réserves de l'aéronautique, (projet de l'*Inscription aérienne* actuellement à l'étude dans les cercles gouvernementaux), question, enfin, de l'aviation sanitaire : en 1912, le *Comité de Contentieux* de la Ligue, au rapport du signataire de ces lignes, émettait un vœu tendant à la réunion d'une conférence internationale de Croix-Rouge aérienne. C'est ce vœu que vient enfin d'exaucer la *XIIe Conférence internationale de la Croix-Rouge* d'octobre 1925, en adoptant un projet de convention internationale appliquant à la guerre aérienne les principes de la Convention de Genève.

Le rôle d'avant-garde de Quinton dans cette question de l'aviation sanitaire a été reconnu par la XIIe conférence, qui n'a pas manqué, dans sa séance solennelle de clôture, de saluer sa mémoire et d'envoyer à sa veuve le salut respectueux de l'Assemblée.

Précurseur, ainsi que l'a dit Painlevé, ne l'a-t-il pas été dans tous les ordres de l'activité humaine ?

Le Soldat

Le Soldat

Quinton fut un homme de science et un homme de guerre. La science et la guerre, selon l'expression de Corpechot, c'est tout un. « La science, a écrit celui-ci, c'est la guerre à la nature dans ce qu'elle a de fermé et d'hostile à l'humanité. Il faut pour découvrir l'invisible les mêmes vertus, le même héroïsme, la même intelligence que pour vaincre le plus acharné des ennemis. Le laboratoire est un champ de bataille. Il requiert le même courage, dont la source est dans la forme de l'âme, et qui a son emploi devant le microscope comme devant le feu des canons. Habitués depuis un siècle aux prodiges de la science, nous ne songeons pas assez à la vaillance, à l'énergie, à la magnanimité qu'il a fallu à des hommes comme Lavoisier, comme Claude Bernard, comme Pasteur pour oser voir ce que personne n'avait entrevu avant eux. Se dire que sur des questions essentielles, l'humanité essentielle s'est trompée ou est restée aveugle, et que soi seul on voit, on sait, on est désabusé, quel drame dans une conscience et comment ne recule-t-on pas d'effroi comme devant un paysage embrasé par le feu des obus ! »

Quinton fut avant tout un soldat. On a vu plus haut que, à sa sortie du collège, il voulait bien préparer Polytechnique, mais à la condition que sa famille lui permît de sortir dans l'Armée.

Quelques années plus tard, on se battait en Grèce. Il voulut s'engager dans l'armée grecque, mais on lui objecta qu'il perdrait sa qualité d'officier français. A cela il ne put consentir. L'occasion de se battre devait se représenter et Dieu sait comment il en usa.

Il a voulu avant de mourir revêtir sa chemise de soldat et être inhumé dans son uniforme de lieutenant-colonel d'Artillerie. « Plusieurs camarades qui ont vu notre ami au front, disait M. Archdeacon, sont revenus médusés de son héroïsme et parfois même de ses fantastiques témérités. » Ce que M. Archdeacon qualifie de « fantastiques témérités » relevait bien plutôt d'une vision surhumaine du salut national. Mais continuons la citation : « Ces fantastiques témérités lui semblaient d'ailleurs être la chose la plus naturelle du monde et il les justifiait en invoquant la nécessité, pour les officiers de donner toujours l'exemple aux soldats ».

C'est qu'il jaugeait les autres à son aune : « Ce qui maintient le poilu dans la tranchée, c'est l'attrait du danger qu'il y court ».

Ces paroles nous sont rapportées par le Colonel Romain, qui prononça sur sa tombe, au nom de ses chefs de guerre, un discours d'une si belle tenue qu'il mériterait d'être reproduit tout entier ici :

« On a dit, on a écrit qu'il avait été très brave pendant la guerre, mais on n'a pas montré jusqu'à quel point il avait été brave.

« Le courage, certes, a été dans nos rangs monnaie courante et en décerner le brevet est devenu un éloge banal. Mais le courage de René Quinton a été véritablement hors de pair et vaut qu'on le raconte.

« Il avait plus que l'indifférence du danger, je puis dire qu'il en avait l'amour. Il allait au combat comme à une fête...

« C'est au moment de la grande offensive d'octobre 1917 que j'ai connu René Quinton. Chef d'escadron, il était venu avec un groupe d'artillerie lourde servir sous mes ordres dans la région au nord de Soissons. Ce groupe d'artillerie lourde, il le maniait avec l'allant, avec la mobilité d'une artillerie volante. Il ne supportait pas de voir des canons plus près des lignes ennemies que les siens. Et son personnel, qu'il mettait sans cesse ainsi à rude épreuve, le suivait partout sans maugréer, car il savait que de tous, c'était son chef qui prenait la plus grande part des dangers, et aussi la plus grande part des fatigues, — raison probable qui, hélas, nous réunit aujourd'hui autour de son cercueil.

« Dans ses reconnaissances il allait narguer l'ennemi en pleine vue aux plus courtes distances, à portée de mitrailleuse ; il prenait des mesures topographiques presque sous son nez, et si la mort l'a épargné, c'est que, comme il arrive souvent pour les grands intrépides, elle a reculé devant un homme qui la bravait avec tant d'audace.

« Lors de la bataille de la Malmaison, il m'avait demandé l'autorisation de quitter son abri de commandement au moment de l'attaque, pour aller comme simple observateur suivre les vagues d'assaut. Il était d'ailleurs coutumier du fait.

« Et c'est ainsi qu'il partit avec quelques téléphonistes, collé à la première ligne d'infanterie dans le sillage même des obus d'accompagnement, conservant dans l'enfer des barrages assez de sang-froid pour envoyer des indications non seulement sur la précision du tir, mais aussi sur l'allure générale du combat ; à telle enseigne que, de ce côté du champ de bataille, ce sont ses renseignements transmis par moi au fur et à mesure qui ont éclairé le haut commandement, obligé de renoncer aux renseignements trop incertains de ses propres observateurs. Et, à son retour, comme je le félicitais sur son cran : « Bast, me « répondit-il, avec son large et bon sourire, c'est « si facile, et puis c'est si amusant ». Tout René Quinton est là.

« Nous nous séparâmes quelques jours après, mais j'ai su que, aux heures de défaite, dans les sombres journées de 1918, sa froide intrépidité était restée ce qu'elle avait été aux heures de victoire et que dans les retraites, il s'était plus d'une fois improvisé fantassin pour défendre ses canons à coups de mitrailleuse et à coups de fusil.

« Depuis l'armistice, nous nous sommes maintes fois revus et j'ai pu constater qu'à une époque où les esprits les mieux chevillés se sont laissés aller à la détente de la paix, le sien avait conservé toute sa trempe de guerre.

« Oui, — je crois pouvoir l'affirmer, — cet officier de complément, ce biologiste, ce travailleur de laboratoire, ce soigneur de bébés était par-dessus tout un guerrier et un guerrier du plus pur métal. Ses familiers continuaient à l'appeler « le Colonel Quinton » et c'était le titre dont il se montrait le plus fier, non pas à cause de la gloriole des galons, — il aurait été, je crois, tout aussi fier de s'appeler « le Brigadier Quinton », — mais parce qu'il était soldat jusqu'au tréfonds de l'âme.

« Il représente à mes yeux la belle vaillance française, ardente, clairvoyante, enjouée, narquoise. Il est de la lignée des Bayard, des La Tour d'Auvergne, des Mangin. Ce n'est pas là, je vous assure, une simple hyperbole de rhétorique. Et quand, dans la chambre mortuaire, je l'ai vu, étendu sur son lit de parade, raidi dans son uniforme, le casque à ses pieds, les mains jointes sur la poitrine, sa belle tête reposant dans la sérénité de l'infini, il m'a semblé voir surgir l'image des preux allongés sur les grandes dalles des tombeaux... »

Quinton était de la race des héros ; « il en avait la volonté inflexible, la noblesse d'âme, l'imperturbable confiance en soi, l'audace, la rudesse. » (1).

Un héros !..., a dit M. Painlevé, « qui ne sait quel héros ce fut pendant la guerre, un héros vraiment digne d'une légende, un héros

---

(1) *Revue de métaphysique et de morale*, n° 4 de 1925, p. 15 du supplément.

dont on pourrait écrire l'histoire comme un poème. Je me souviens, dans les heures de 1918, où il semblait que la Patrie fût encore blessée jusqu'au cœur, je me souviens de ces quelques jours où nous avons cru qu'il était tué ou qu'il avait disparu dans les rangs ennemis. Il avait voulu avec sa batterie, tenir, tenir, tenir jusqu'au bout, à quelques centaines de mètres de l'ennemi. Il était rentré victorieux dans nos rangs, parce que c'était un héros. »

Il faut savoir gré, comme on l'a dit, à M. Painlevé d'avoir su dire, pour qualifier cette période de sa vie, que pendant ces cinq années de guerre, le Lieutenant-Colonel Quinton inscrivit son nom aux pages de la Légende héroïque. Il a été noté que le nom de Quinton appartient à l'histoire. « Il convient, selon l'expression de Jules de Gaultier, qu'ait été désigné le geste élancé par lequel une âme héroïque s'élève de l'histoire à la légende. »

M. Michelin, le jour des obsèques, a retracé sa carrière de guerre :

« Lors de la déclaration de guerre, Quinton était capitaine d'Artillerie de réserve. Il avait quarante-sept ans et demi. Rappelé à l'activité, sur sa demande, il commande la 4me batterie du 29e Régiment d'Artillerie.

« Le 25 mars 1919, il était nommé lieutenant-colonel à titre définitif. Démobilisé le 3 juillet ; nommé Commandeur de la Légion d'honneur. »

Ouvrons ici une parenthèse.

Quand Quinton, avant la guerre, fut fait Chevalier de la Légion d'honneur, son ami, le Général Marchand, tint à lui faire don de sa première croix, la croix de Fachoda.

Et Quinton de questionner : « Pourquoi me décore-t-on ? » — « Parce que vous serez un jour Commandeur et que, pour être Commandeur, il faut commencer par être Chevalier. »

Le Général Marchand n'a jamais été de ceux qui se laissent surprendre par les événements et il savait de quoi serait capable Quinton en temps de guerre.

Revenons donc à cette guerre et écoutons M. Michelin raconter les campagnes de Quinton.

« Il prit part aux batailles suivantes : « 1914 : le 30 août 1914 il était à Amiens. Du 28 septembre au 4 octobre à Courcelles-le-Comte, Anichet, Bucquoy.

« Du 5 au 11 octobre, à Hannescamps, Bieuvillers-au-Bois.

« Du 13 au 22 octobre, à Ronsart, Mouchy-aux-Bois.

« Du 23 octobre au 2 novembre, à Wailly.

« Du 7 novembre au 31 décembre, à Nieuport, à Lombardzyde.

« Pendant toute l'année 1915 et jusqu'au 30 mai 1916, il se battit autour de Nieuport.

« Du 6 juin au 2 novembre, il était à la bataille de la Somme : Suzanne, Curlu, Maurepas, Raucourt, Sailly-Saillisel.

« En 1917 : Du 10 au 18 mars, il prenait part à l'offensive de Roye, Lassigny, Beuvraignes, Roiglise, Champien, Solente, Ercheu.

« En avril, il était à Moronvilliers, au Mont-sans-Nom, au Téton.

« Du 10 juillet au 3 septembre, il participait à l'offensive du Mort-Homme et de la Cote 304.

« Du 6 au 15 septembre, il était en Champagne (à Saint-Hilaire-le-Grand).

« Enfin, du 28 septembre au 1er novembre, il participait à la bataille de la Malmaison.

« En 1918 : du 18 février au 17 mars, il était à Trigny.

« Du 17 au 27 mars, à Reims, participait à la retraite anglaise, se battait à Montdidier du 4 au 27 avril.

« Puis, prenait part à la retraite française de fin mai, se battait du 24 mai au 30 juin à Fort, Saint-Thierry, Gueux, Chamery.

« Du 17 juillet au 6 août, il participait à l'offensive de Mangin au sud de Soissons.

« Du 8 au 24 août, à l'offensive de l'armée de Debeney, dans le massif de Thiescourt.

« Du 23 septembre au 13 octobre, à l'offensive de l'Armée de Gouraud : Navarin, Somme-Py, Saint-Etienne-au-Temple.

« Enfin, toujours avec Gouraud, il prenait part du 29 octobre au 8 novembre à l'offensive sur Coulommes, Attigny et Mézières.

« Mais alors, cet homme, qui s'est ainsi battu partout et tout le temps, n'a donc jamais été blessé ? Blessé, il l'a été huit fois : Le 11 novembre 1914, à Lombardzyde, il reçoit un éclat d'obus à la nuque. Il se fait panser, recommence à se battre et, le même jour, à Nieuport-Ville, lors de l'effondrement d'un pont, il reçoit des contusions multiples à la tête, à l'oreille et à la jambe droite.

« Trois jours après, le 14, à la Tour des Templiers, à Nieuport, il a une nouvelle blessure à la jambe gauche.

« Le 16 décembre 1914, à Nieuport, nouvelle blessure par éclat d'obus au gros orteil du pied gauche.

« Le 28 décembre 1915, à Nieuport, contusion de la face.

« Le 2 avril 1916, à Nieuport, plaie de 3 centimètres par éclat d'obus.

« Le 9 février 1917, nombreuses ecchymoses aux pieds et gelure des pieds.

« le 4 octobre 1918, à la ferme Médéah, un éclat d'obus le blesse, pour la huitième fois, à l'épaule gauche.

« Aussi sont-elles nombreuses les palmes et les étoiles accrochées aux rubans de ses Croix de Guerre (1).

« Quel plus magnifique éloge faire de lui que de rappeler les plus belles de ses citations :

« 23 décembre 1914. — Ordre de l'Armée : « Officier de la plus rare intrépidité, dont il est impossible de résumer les actes de bravoure. Ne cesse de donner le plus bel exemple de sang-

---

(1) Les citations obtenues par le Lieutenant-Colonel Quinton s'élèvent au nombre de vingt-sept.

froid, d'énergie et d'entrain. A été blessé à trois reprises différentes. — Signé : Foch ».

« 6 août 1916. — « A fait preuve, dans le commandement d'un groupe lourd, des plus belles qualités de calme et de sang-froid sous le feu violent de l'ennemi, et par l'à-propos de ses tirs a contribué au succès des attaques de juillet 1916. — Signé : Fayolle ».

« *Journal Officiel* du 27 septembre 1916. — « Ce Commandant, très énergique, a fait de son groupe une unité de premier ordre. Cité et six fois blessé depuis le commencement de la campagne. Admissible au traitement de Chevalier de la Légion d'honneur ».

« 22 mai 1917. — « Sous les ordres du Commandant Quinton, le 5e groupe du 118e R.A.L. s'est, depuis le début de la campagne, distingué d'une façon remarquable dans toutes les opérations auxquelles il a pris part et au cours desquelles chacune de ses batteries a été citée à l'ordre d'un Corps d'Armée. A Maubeuge, d'où l'une d'elles s'échappe ; à Nieuport, pendant vingt mois en toute première ligne, il subit les pertes les plus cruelles sans laisser fléchir son moral. Sur la Somme et sur l'Oise, il montre la même endurance et la même énergie. Sur le front de Champagne, dès son entrée en action, il est violemment pris à partie et continue son tir sans fléchir, perdant, sous le feu de l'adversaire, son vingt-quatrième canon. — Signé : J.-B. Dumas ».

« *Journal Officiel* du 13 juillet 1917. — « Nommé Officier de la Légion d'honneur. Officier supérieur remarquable par sa bravoure et son sang-froid au feu. Aux Armées depuis la mobilisation, bien que dégagé de toute obligation militaire, s'est affirmé comme un excellent commandant de groupe, ayant la plus grande autorité et sachant obtenir de son personnel le rendement maximum dans les circonstances les plus difficiles. Six blessures, Croix de Guerre. — Signé : Paul Painlevé ».

« 20 septembre 1917. — « Le 5e groupe du 118e R.A.L. composé en grande partie de soldats qui faisaient partie de la colonne évadée de Maubeuge, lors de la reddition de cette place, a donné sur l'Yser, sur la Somme et en Champagne, l'exemple de la bravoure, de l'entrain et de la ténacité. Dans l'offensive de Verdun, malgré des pertes très sévères et au prix d'un très gros effort, a assuré, sous le commandement du Chef d'Escadron Quinton, grâce à la précision et à la rapidité de ses tirs, toutes les missions qu'il avait à remplir. — Signé : Guillaumat ».

« 13 novembre 1917. — « Officier supérieur dont la compétence n'a d'égales que l'ardeur et l'intrépidité. Commandant un sous-groupement d'artillerie lourde, a tenu à honneur de conduire lui-même l'équipe de ses observateurs et, marchant sur les talons de l'Infanterie avec la première vague d'assaut, a organisé un observatoire avancé qui n'a cessé, dès les premières heures de l'action, de donner les renseignements les plus intéressants, non seulement pour l'Artillerie, mais aussi au Commandement. — Signé : Marjoulat ».

« 17 juin 1918. — « A obtenu des batteries sous ses ordres le maximum de rendement ; a pris en temps voulu les dispositions les plus impérieuses pour retirer le matériel de trois batteries à pied dont la capture paraissait certaine. — Signé : Mazillier ».

« Aussi finalement, Quinton a-t-il été fait Commandeur de la Légion d'honneur.

« Les Alliés ne l'ont, pas moins que nos généraux, couvert de félicitations et d'honneurs.

« Le 26 novembre 1914, il a été promu Chevalier de l'Ordre de Léopold.

« En mars 1916, il a reçu la Croix de Guerre belge.

« Le 27 août 1917, la Croix du Service Distingué britannique, dont nos Alliés étaient, vous le savez, fort avares.

« Enfin, le 10 mai 1919, il a reçu la même décoration américaine pour son « extraordinary heroism ». « Le Lieutenant-Colonel Quinton doit être particulièrement loué pour le travail excellent effectué par le 452e Régiment d'Artillerie française, dont l'action a été extrêmement efficace et pour le très énergique effort qu'il a fait afin d'obtenir des renseignements sur l'ennemi par ses reconnaissances personnelles, et pour avoir poussé des batteries en avant, en vue d'obtenir un feu efficace sur les arrières ennemis. — Signé : A.-J. Bowley, Brigadier General. »

Un volume ne suffirait pas à épuiser ce chapitre de la bravoure de Quinton. Terminons par le rappel, évoqué par M. le Sénateur Farjon, parlant au nom des Officiers du 5e groupe du 118e Régiment d'Artillerie lourde, de quelques épisodes demeurés légendaires :

« Au mois de novembre 1914, après avoir participé, depuis deux mois, avec sa batterie de 75, aux opérations de la course à la mer, le Capitaine Quinton arrivait à Nieuport et prenait position sur les bords de l'Yser, qu'il n'allait plus quitter pendant un an et demi ; il y manifeste aussitôt cette folle bravoure, cependant réfléchie et voulue qui était sa marque caractéristique, et personne de ceux qui l'y ont connu n'oubliera sa défense de Lombartzyde, lorsqu'il commandait le tir de ses pièces, froidement assis au milieu de la route, alors que les mitrailleuses ennemies, postées à l'autre bout du village, faisaient voler déjà les balles autour de lui.

« Rappelerai-je la Tour des Templiers, écroulée jusque sur sa tête, ses observatoires audacieux des écluses, de l'église et tant d'autres ? »

Et puisque, aussi bien, M. Farjon nous a ramenés sur les bords de l'Yser, je m'en voudrais de ne pas citer cette belle page du Lieutenant-Colonel Mayer dans *le Parthénon* de janvier dernier :

« Nous étions devant Nieuport au début de novembre, et le quartier-général de Doullens nous pressait de faire passer des canons sur la rive droite de l'Yser. Je ne montrais aucun enthousiasme à déférer à ce désir, me doutant bien que, si j'aventurais des pièces au nord de ce cours d'eau, elles ne tarderaient pas à être ramenées au sud. Je faisais remarquer que, d'ailleurs, elles feraient d'aussi bonne besogne en deçà des ponts qu'au delà, en même temps qu'elles se trouveraient moins exposées.

« Il me fut répondu que le G. Q. G. tenait à ce que le communiqué pût annoncer que notre artillerie avait franchi l'Yser, et je reçus l'ordre ferme de donner satisfaction à ses volontés. Naturellement, ce fut Quinton que je désignai pour cette mission, et, le matin du 10 novembre, j'allai reconnaître avec lui la position que sa batterie viendrait occuper le soir, alors que l'obscurité masquerait ses mouvements. Il fut entendu que la batterie s'établirait contre le redan appuyé à la rive.

« Quand, le 11, au lever du jour, j'allai voir ce qui s'était passé pendant la nuit, la batterie était bien à l'endroit convenu, sauf une pièce et deux caissons, que le capitaine avait emmenés et installés en plein milieu de Lombartzyde, village situé à 1500 mètres environ en avant du point fixé.

« Je m'y rendis et trouvai la pièce tout à côté de l'église, qui était violemment bombardée. Un obus de 105 éclatant près de nous nous aplatit contre le mur d'une maison. Tout étourdis et assourdis par la détonation, nous entrâmes dans cette maison pour nous ressaisir. Et là, Quinton me remit plusieurs feuillets arrachés à un carnet commercial qu'il avait dû trouver dans quelque boutique du village, et sur lesquels il avait rédigé son rapport sur les événements de la nuit. J'ai sous les yeux ces feuillets qui sont encore tachés de sang (car, sans nous en douter, nous avions été atteints — égratignés, plutôt que blessés — par de minuscules éclats), et je transcris ce qui y est crayonné en petits caractères serrés, nets et nerveux :

« *Depuis la communication que je vous ai envoyée hier par le lieutenant André, datée de 18 h. 20, j'ai continué le tir jusqu'à 19 h. 1/2 sur la route de Westende, avec une hausse de 600 à 1000 mètres. Un de nos coups éclatant sur la route a dû toucher la pièce d'artillerie allemande. Le lieutenant d'infanterie du 12e a vu nettement, dans la lueur de l'éclatement, des hommes se profiler et se sauver. J'avais vu de même, dans la lueur de l'éclatement allemand, mes chevaux se cabrer...*

« *A 19 h. 1/2, j'ai fait atteler par attelage, et dans le plus grand silence possible, le canon. Mais, comme nous n'étions qu'à 300 mètres de la tranchée allemande, nous avons été entendus, et les balles ont commencé à siffler sur nous. Nous avons pu faire les 400 mètres qui nous séparaient du coude de la route sans avoir, je crois, un cheval blessé.*

« *Le feu a pris rapidement une grande intensité et a duré deux heures avec une extrême violence.*

« *Vers 21 heures, les balles pleuvaient avec une telle force à côté de nous que j'ai craint une contre-attaque allemande victorieuse.*

« A 21 heures 15, soixante hommes sont passés en débandade devant moi. Ils quittaient les premières tranchées, faute de munitions. Je les ai ramenés à leurs tranchées où je ne les ai quittés qu'une fois descendus. J'ai envoyé à cheval le maréchal des logis Hun demander au colonel Amyot des munitions coûte que coûte.

« Deux mitrailleuses se trouvant sur mulet, sans officier, je les ait fait mettre en batterie. J'en ai placé une dans la grande rue, en cas d'abandon des tranchées, face au N.-E., c'est-à-dire à Westende. Ayant vu un chef de bataillon, j'ai placé l'autre face à l'Est, sur la route de Schadde-Buys qui était fortement menacée.

« Les premiers ravitaillements en munitions arrivant, je les ai conduits aux extrêmes tranchées sur Westende, que les Allemands arrosaient fortement sans qu'on leur répondît.

« J'ai appris là que la moitié des hommes que j'avais ramenés une heure auparavant étaient repartis. J'ai fouillé les maisons et remis la main sur vingt hommes.

« Vers 22 h. 1/2, accalmie.

« Vers 23 h. 1/2, feu intense et nouvelle débandade de nos hommes. Je fais placer un fauteuil au milieu de la rue et je m'y assieds. Aucun n'a passé. J'ai fait ainsi la police pendant les deux heures qu'a duré la fusillade intense. »

Et le Lieutenant-Colonel Mayer de conclure :

« Je ne sais quel effet ces lignes peuvent produire aujourd'hui sur le lecteur. Mais j'avoue que, les lisant sur place, alors que les obus continuaient de s'acharner sur le village, je ne me suis pas senti le courage de reprocher au capitaine Quinton d'avoir transgressé mes ordres, d'être venu s'établir à découvert à 300 mètres des lignes ennemies, d'avoir exposé ainsi follement son matériel (et, de fait, les Allemands se sont emparés de l'un des caissons) et d'avoir fait un métier qui, à proprement parler, n'était pas le sien, puisqu'il a substitué son autorité à celle des officiers d'Infanterie.

« Loin de le blâmer, je l'ai félicité, et de tout cœur, car je n'ai pu m'empêcher de l'admirer.

« Et mon admiration a redoublé quand je l'ai retrouvé, l'après-midi, avec sa même pièce qu'il servait lui-même avec un sous-officier et deux hommes, alors qu'il eût dû employer six canonniers à cette manœuvre.

« Il lui a fallu enfin, l'Infanterie s'étant laissé déborder, se résigner à repasser l'Yser sur le pont de bateaux construit par le Génie. Il s'y est engagé avec sa pièce, sous le poids de laquelle les planches du tablier ont cédé. La voiture est tombée à l'eau avec ses six chevaux et ses conducteurs, qui ont été noyés. Quinton, qui était tombé, lui aussi, a pu être repêché. Et sa mésaventure ne l'a pas calmé. Il a continué à montrer la même belle ardeur... et la même impatience du joug hiérarchique.

« Il n'avait pas un tempérament de soldat discipliné. Mais il avait une âme de héros. »

Sa Mort

Sa Mort

Quinton est mort : telle est la nouvelle qui se répand dans la nuit du 9 au 10 juillet 1925.

Est-il bien possible qu'il ne soit plus celui devant qui avait reculé si souvent la mort, cette mort qu'il narguait avec tant de hauteur sur les champs de bataille !

Personne ne supposait que ce héros de la grande guerre pût succomber dans son lit, terrassé par une crise d'angine de poitrine. Mais, il l'avait dit lui-même, « les braves meurent rarement le jour où ils s'exposent le plus ».

Et cette mort, il l'attendait, disait-il, comme il attendait un 420 sur le champ de bataille et il savait bien qu'elle ne l'emporterait pas tout entier : faisant allusion à l'œuvre qu'il laissait derrière lui, « en partant, je sais bien que je laisse derrière moi la moitié de moi-même ».

A ceux qui ont recueilli ses dernières paroles, ses dernières volontés, à ceux-là il a été donné d'assister à un spectacle véritablement grandiose. On pourrait être tenté de comparer la mort de Quinton à celle d'un Socrate. Mais il y a une différence spécifique : Socrate est mort dans une atmosphère de calme et de spéculation. Quinton est mort comme il avait vécu, c'est-à-dire en homme d'action, vibrant, tendu, passionné.

Les paroles qu'il a prononcées au cours de sa dernière journée mériteraient d'être colligées en un recueil : à leur lecture on demeurerait confondu, se demandant ce qui l'emporte d'un stoïcisme voulu mais non résigné, souriant parfois, voire même par instants un peu gouailleur, de la noblesse du caractère ou de l'élévation de la pensée. Il savait que la vie ne nous est pas donnée pour en jouir et il était accoutumé de dire que la conception d'un paradis tranquille est une conception d'esclave. « L'attente de la mort, nous confia-t-il, peut ne pas troubler l'âme, mais elle la remplit. »

Malade depuis une semaine, il ne croyait pas à la gravité de son mal. Ce qui nous étonnait c'est qu'il restât au lit, alors qu'il paraissait aller de mieux en mieux. C'est dans la nuit du 8 au 9 juillet 1925 que, subitement, il se sentit très mal. Il n'avait qu'un bouton à presser, un récepteur à portée de sa main à décrocher pour appeler à l'aide son personnel ou, à son secours, son médecin qui aurait peut-être encore pu le sauver. Il ne le fit pas, ne voulant déranger personne. De même, le jour précédent, ne croyant, il est vrai qu'à une indisposition passagère, il avait défendu que l'on prévînt sa femme, en villégiature à Lyon, dans sa famille, sa place étant, disait-il, auprès de sa fille en bas âge, non plus que sa sœur retenue dans le Midi auprès de son petit-fils malade. Il attendait donc, ce matin-là, que Lemaire, son fidèle serviteur et compagnon d'armes, vînt ouvrir ses volets. Il se faisait alors si peu d'illusion qu'il dicta lui-même des télégrammes à ses proches : « René très mal, ne passera pas la journée » .

Il fit prévenir nommément ceux de ses proches et amis dont il désirait s'entourer pour mourir et, pendant qu'on allait les quérir, il attirait doucement à lui son compagnon d'armes : « Lemaire, je vous ai embrassé une première fois, lorsque je vous ai décoré ; venez ici que je vous embrasse encore une fois, c'est la dernière. Nous avons été pendant quatre ans des compagnons d'armes. En vous embrassant, j'embrasse le drapeau, j'embrasse tout le groupe ; quand vous les reverrez dites-le leur ; et puis vous leur direz que je meurs dans ma chemise de soldat. » Puis il décrocha ce récepteur qu'il aurait pu si opportunément utiliser au cours de la nuit, et ce fut pour faire ses adieux à un ami. Pourquoi taire son nom ? C'était notre ami commun, Georges Houard, des *Ailes*. Il a lui-même raconté cette scène poignante : « L'énergie de René Quinton a-t-il dit, était digne des plus beaux exemples. Il me donna de cette énergie une preuve suprême en m'appelant lui-même au téléphone, quelques heures avant sa mort, pour me faire ses adieux. Je crois que, même s'il m'est permis de vivre cent ans, je n'oublierai jamais cette voix nette, précise, à peine altérée, que j'écoutais angoissé et tremblant. Il était dix heures du matin. René Quinton croyait n'avoir plus qu'un quart d'heure, une demi-heure au plus à vivre. *Il me le dit...* avant de me prodiguer une dernière fois ses conseils et ses encouragements, me laissant dans un état qui contrastait étrangement avec son extraordinaire résignation au fait inévitable. Le soir même, René Quinton mourait. »

A l'un de nous qui tentait de faire luire à ses yeux quelque espoir de salut et interposer l'écran entre ses yeux et la mort : « Tu ne vas tout de même pas m'apprendre à mourir ; tais-toi ; ne m'enlève pas mon honneur. » Et à Madame d'Audiffret qui lui disait la même chose : « Madame, pas de plaisanterie ! »

Et, comme celle-ci lui frictionnait les mains ; « C'est bien inutile, mes mains et mes pieds sont déjà morts ».

Mais combien il était attentif aux soins qu'on lui donnait et reconnaissant : quelques instants auparavant, alors qu'on lui passait de l'eau fraîche sur le front : « Ah, les femmes, quels êtres divins, voilà la première chose qui me fait du bien depuis ce matin. » Et encore, quand on lui donnait à boire : « C'est merveilleux cette eau, vous me rendez la vie. »

Et à son médecin qui s'excusait de le torturer : « Mais non, Monsieur, vous êtes d'une adresse extrême. »

Et cependant, la souffrance était telle qu'elle lui arrachait des plaintes étouffées. « Vous gémissez, » lui disait Madame d'Audiffret ; « Non, Madame, je hurle ! »

A un nouvel arrivant, il fit, avec calme, compliment de son vêtement : « Comme tu es beau, mon ami, tu es bien l'homme le plus élégant de Paris ! j'aurais bien eu envie de me commander un vêtement gris perle comme le tien, malheureusement il est trop tard. »

Lorsque nous fûmes tous arrivés : « Mes amis, quand je serai mort, souriez, car je ne souffrirai plus. Je suis plus heureux que le Christ, moi ; je meurs entouré de mes amis. »

A un moment, il nous adjura de nous éloigner : « Retirez-vous, car il n'est pas agréable de voir quelqu'un entrer en agonie. » Et il ajouta ces mots : « Le petit salon, comme pour ma mère, l'église, puis Loches. »

René Quinton, comme l'a dit la Comtesse de Noailles, s'est éteint à l'âge puissant de la vie : — il avait cinquante-huit ans. — « Le souffle oppressé, résigné devant l'extrême souffrance, lucide, sans réclamer contre le sort, il a rejoint les principes du monde qu'il avait médités avec génie, dont il s'était approché plus qu'aucun autre, qu'il avait, si l'on peut dire, maniés avec la familiarité éblouie d'un fils autorisé des éléments et de l'espace. »

Et s'il faut, pour conclure, résumer en un trait général de physionomie l'impression que peut susciter le spectacle de cette vie humaine, on peut noter qu'en René Quinton la fougue et la prodigalité du XVIe siècle s'alliaient à la raison du XVIIe.

Cette conclusion est de Jules de Gaultier. Qu'il me permette de reproduire encore cette prophétie : « Quinton n'était pas de ceux à qui on dit adieu. Ses amis conserveront durant leur vie, les ayant gravées dans leur esprit, son image et sa pensée. L'histoire, après eux, fera le reste, l'histoire des idées, l'histoire des sciences, l'histoire aussi, telle que la traduisit l'ancêtre Amyot sur le texte de Plutarque. »

Avant de mourir, il a demandé un miroir — « un grand », — un miroir à l'échelle de cette figure qui, l'instant d'après, entrait dans l'histoire.

IMPRIMERIES MONCE, 6, Rue Houzeau-Muiron, Reims

PER ORBEM, ÉDITIONS — 4, RUE TRONCHET, PARIS

www.ingramcontent.com/pod-product-compliance
Ingram Content Group UK Ltd.
Pitfield, Milton Keynes, MK11 3LW, UK
UKHW020348180726
13839UKWH00002B/979

9 782329 564272